Abraham Lincoln
UNA VIDA DE RESPETO

por Sheila Rivera

ediciones Lerner • Minneapolis

La edición en español fue realizada por un equipo de traductores nativos de español de translations.com, empresa mundial dedicada a la traducción.

ediciones Lerner
Una división de Lerner Publishing Group
241 First Avenue North
Minneapolis, MN 55401 EUA

Dirección de Internet: www.lernerbooks.com

Las palabras en **negrita** se explican en un glosario en la página 31.

Agradecimientos de fotografías

Las imágenes presentes en este libro se reproducen con autorización de: © Todd Strand/ Independent Picture Service, pág. 4; División de Fotografías e Impresos, Centro Schomburg para la Investigación de la Cultura Negra, Biblioteca Pública de Nueva York, Fundaciones Astor, Lenox y Tilden, pág. 6; Biblioteca del Congreso, págs. 8 (LC-USZ62-2582), 10 (LC-USZ61-2172), 11 (LC-USZ62-4377), 12 (LC-USZC4-2472), 16 (LC-USZ62-35077), 20 (LC-USZC4-1796), 23 (LC-USZ62-1287), 24 (LC-USZ62-175); © Kean Collection/Hulton Archives, Getty Images, pág. 9; Biblioteca Histórica del Estado de Illinois, pág. 13; © Museo Lincoln, Fort Wayne Indiana (#2051), pág. 14; © Bettmann/CORBIS, pág. 18; © Archives of West Virginia, pág. 19; © North Wind Picture Archives, pág. 22; © SuperStock, pág. 26; Centro Informativo de la Biblioteca Pública de Minneapolis, pág. 27. Portada: © CORBIS.

Library of Congress Cataloging-in-Publication Data

Rivera, Sheila, 1970–
    [Abraham Lincoln. Spanish]
    Abraham Lincoln : una vida de respeto / por Sheila River[
      p. cm. − (Libros para avanzar)
    Includes index.
    ISBN-13: 978−0−8225−6236−8 (lib. bdg. : alk. paper)
    ISBN-10: 0−8225−6236−7 (lib. bdg. : alk. paper)
    1. Lincoln, Abraham, 1809–1865–Juvenile literature. 2. Presidents–United States–Biography–Juvenile literature. I. Title. II. Series.
    E457.905.R5818 2007
    973.7092–dc22
                                       2006006704

Fabricado en los Estados Unidos de América
1 2 3 4 5 6 − JR − 12 11 10 09 08 07

Contenido

4

¿Quién es Abraham Lincoln?

¿Sabes de quién es el rostro que aparece en las monedas de un centavo de dólar? Es de Abraham Lincoln. Fue el decimosexto presidente de los Estados Unidos. Era una persona **respetuosa**. Era amable y justo con todos los que conocía.

Estas personas eran obligadas a trabajar en un campo de algodón.

La esclavitud está mal

Abraham nació en 1809. En el siglo XIX, muchas personas de raza negra en los Estados Unidos eran **esclavos**. Los esclavos tenían que hacer todo lo que sus dueños blancos les ordenaran. No se les permitía tomar sus propias decisiones.

Los dueños vendían a los esclavos.

En su juventud, Abraham vio ventas de esclavos.

Abraham no creía que fuera justo que una persona fuera dueña de otra.

Los dueños de los esclavos los observan mientras trabajaban.

Thomas Lincoln, el padre de Abraham

El padre de Abraham opinaba que la
esclavitud estaba mal.

Abraham también creía que la esclavitud estaba mal. Al igual que su padre, Abraham respetaba a los demás.

Abraham Lincoln

Cuando Abraham creció, tuvo muchos trabajos. Trabajó en la oficina de correos. También medía terrenos.

Abraham trabajaba duro en todo lo que hacía.

Abraham era el dueño de esta tienda.

Abraham compró una tienda. Como no vendía suficiente **mercancías**, tuvo que cerrarla.

Abraham estudiaba mucho.

A Abraham le interesaba el gobierno.
Estudió leyes y se convirtió en **abogado**.

Abraham también daba discursos. Le decía a la gente que la esclavitud era incorrecta.

A Abraham le gustaba dar discursos.

Abraham se convirtió en presidente.

Presidente Lincoln

En 1861, Abraham fue el presidente **electo** de los Estados Unidos. En esa época, las personas que vivían en el Sur todavía permitían la esclavitud en sus estados. Los que vivían en el Norte no la permitían. Abraham quería impedir que la esclavitud se extendiera a más estados.

En el Sur, los esclavos hacían la mayor parte del trabajo en el campo para los blancos.

Los dueños de los esclavos estaban muy enojados. Pensaban que Abraham les quitaría sus esclavos.

Las personas del Sur decidieron que no querían seguir siendo parte de los Estados Unidos.

El Sur comenzó a pelear.

Comenzó la Guerra Civil.

La Guerra Civil

Comenzó una guerra entre el Norte y el Sur. Se llamó la Guerra Civil. Abraham no quería que la gente peleara. Quería mantener unido al país. Estaba muy preocupado.

Abraham siguió hablando sobre la esclavitud. Decía que todas las personas merecían ser respetadas. Creía que todos debían ser libres.

En 1862, Abraham proclamó que los esclavos del Sur eran libres.

Los esclavos estaban agradecidos por su libertad.

Los esclavos celebraron.

¡Por fin libres!

Se agregó una **enmienda** a la **Constitución**. La Constitución enumera los derechos que tienen todos los estadounidenses. La enmienda decía que ninguna persona podía ser dueña de otra. Abraham estuvo de acuerdo con esta nueva enmienda.

Todos estuvieron felices de que la guerra terminara.

En 1865, terminó la Guerra Civil.
Muchas personas murieron durante la
guerra, pero el país volvió a estar unido.

Abraham respetaba a las personas que habían luchado en la guerra. Además, estaba feliz de que el país estuviera unido otra vez.

El presidente Lincoln respetaba a su país y a su gente.

CRONOLOGÍA DE ABRAHAM LINCOLN

1809

Abraham Lincoln nace el 12 de febrero.

1861

Se convierte en presidente de los Estados Unidos.

1861

Comienza la Guerra Civil.

1862

Abraham declara que ninguna persona del Sur puede poseer esclavos después del 1° de enero de 1863.

1865

La Decimotercera Enmienda a la Constitución hace ilegal la esclavitud.

1865

Abraham Lincoln muere el 15 de abril.

1865

Finaliza la Guerra Civil.

Más sobre Abraham Lincoln

- Abraham era considerado un gran orador. Uno de sus discursos más famosos fue el de Gettysburg.

- La imagen de Abraham aparece en las monedas de un centavo y en los billetes de cinco dólares.

- Abraham sólo fue a la escuela durante aproximadamente un año.

Sitios Web

Biography of Abraham Lincoln
http://www.whitehouse.gov/history/presidents/al16.html

The History Place Presents Abraham Lincoln
http://www.historyplace.com/lincoln/

U.S. Presidents–Abraham Lincoln
http://www.whitehouse.gov/kids/presidents/
abrahamlincoln.html

Glosario

abogado: persona capacitada para ayudar a los demás a entender las leyes y ayudarlos en un tribunal

Constitución: documento que enumera los derechos garantizados a todos los estadounidenses. También explica la función del gobierno.

electo: escogido por votación

enmienda: cambio hecho para corregir, agregar o mejorar algo

esclavos: personas que son propiedad de otras personas

mercancías: cosas que se pueden comprar y vender

respetuoso: que trata a los demás con honor y atención

Índice